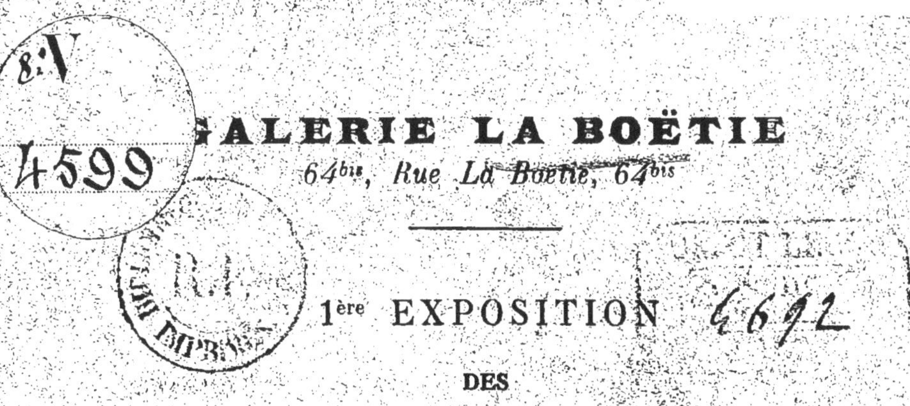

GALERIE LA BOËTIE

64bis, Rue La Boëtie, 64bis

1ère EXPOSITION

DES

Artistes Tourangeaux

ORGANISÉE PAR

L'UNION TOURANGELLE A PARIS

Sous la Présidence du Dr **SAINTON** ✻

CATALOGUE

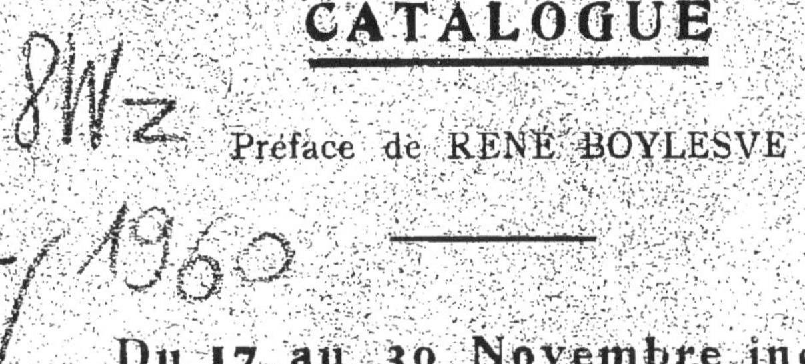

Préface de RENÉ BOYLESVE

Du 17 au 30 Novembre inclus

PARIS

1913

PREMIÈRE EXPOSITION

DES

Artistes Tourangeaux

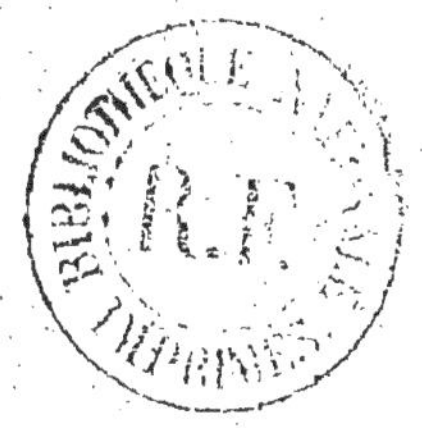

COMITÉ

Présidents d'Honneur : LALOUX, Membre de l'Institut C✱
SICARD, O✱

Président : Dr SAINTON ✱, Président de l'Union Tourangelle
3, rue du Regard.

Vice-Présidents : B. CHAUSSEMICHE ✱, Architecte en chef
du Musée de Versailles.
Paul SÉGUIN-BERTAULT ✿.

Secrétaire Général : J. G. BIDAULT ✿, Président honoraire
de l'Union Tourangelle, 226, Boulevard Raspail.

Secrétaires : J. G. GOULINAT et Eugène PÉPIN.

Secrétaire trésorier : F. DESMOUSSEAUX DE GIVRÉ ✿,
124, Avenue Victor-Hugo.

Membres : Camille LEFÈVRE ✿, G. SOUILLET ✿, P.-L.
CHOLLET, M. JUETTE ✿, Jean GORCE ✿.

COMITÉ DE PATRONAGE

A Paris :

MM. René BESNARD, ancien Ministre; BELLE, BIDAULT et PIC-PARIS, Sénateurs ; CHAUTEMPS, FAURE et FOUCHER, Députés ; DRACKE et TIPHAINE, anciens Députés ; POIRIER de NARCAY, Conseiller Municipal de Paris, Ancien Président du Conseil Général de la Seine ; Camille LYON, Président de section au Conseil d'Etat; Alfred CAPUS, le Général BAILLOUD, Paul VITRY, Conservateur-adjoint du Musée du Louvre, Henri VARENNE, René BOYLESVE, Georges COURTELINE, André HALLAYS, Henri GUERLIN.

En Touraine :

MM. LE BOURDON, Préfet d'Indre-et-Loire; LETELLIER, Maire de Tours ; les Maires de Chinon et Loches ; les Rédacteurs en chef de *la Dépêche*, *le Journal d'Indre-et-Loire* et *les Nouvelles*, *la Touraine Républicaine*, *le Journal de Chinon*, *l'Echo du Lochois*, *le Lochois*; Eugène CHIQUET, Directeur de l'Ecole des Beaux-Arts, Gaston COLLON, Conservateur de la Bibliothèque Municipale, Horace HENNION, Rédacteur en chef de *la Touraine Artistique et Littéraire*, Secrétaire général de la Société des Amis des Arts de la Touraine et de la Société Littéraire et Artistique, Auguste CHAUVIGNE, Secrétaire perpétuel de la Société d'Agriculture, Sciences, Arts et Belles-Lettres, Louis CHOLLET, Président de la Société artistique Tourangelle, Jules DESLIS, Président de la Société photographique, HUBERT-FILLAY, Président de la Renaissance Artistique Tourangelle, Albert ARRAULT, E. COLAS-SAINT-BLANCARD.

La Touraine inspiratrice

On commence à reconnaître aujourd'hui, qu'un des plus sûrs moyens de manifester un talent ou un génie humains, c'est-à-dire universels, c'est encore d'être pleinement et nettement de son pays; osons dire : de son petit pays, de sa province, de son village. En art, la puissance créatrice, élément essentiel d'une œuvre, ne provient pas tant des acquisitions dont le cerveau s'est chargé et souvent encombré, que de la plongée profonde de nos racines dans la terre qui nous a formés. Loin de moi la pensée qu'un artiste doive négliger d'étendre ses connaissances! et c'est justement à la conclusion contraire que j'entends aboutir; mais je crois que, si vaste que soit notre culture, nous ne devons, une fois le pinceau, l'ébauchoir ou la plume à la main, pas faire un effort pour être différents de ce que nous sommes le plus naturellement du monde, de ce que nous sommes à l'état d'intimité complète avec nous-mêmes; or, ce que nous sommes, à cet état-là, c'est la plupart du temps une sorte d'homme qui ressemble étonnamment au petit enfant qu'il a été dans le verger de son père ou parmi les « queniaux » plus ou moins morveux avec qui il a joué ou s'est battu sur la berge de la rivière ou dans le courant d'air du carrefour.

Rien n'est plus favorable aux arts que les groupements régionaux; rien n'est plus précieux pour le développement normal d'une originalité que ces contacts entre tempéraments qui, s'ils diffèrent entre eux, retrouvent cependant côte à côte quelque caractère ou commun ou proche, quelque air de famille qui réconforte en atténuant l'angoisse ou les incertitudes de la tentative isolée, qui vous éclaire sur vous-même par la comparaison de tendances voisines, et qui peut faire surgir à vos yeux tout à coup le caractère ethnique, base féconde, moelle et substance d'un art, que les cohues des grandes expositions laissent effacé ou insaisissable. J'ai toujours cru remarquer qu'un des principaux obstacles à l'évolution aisée d'un artiste, qui devrait être pareille à la croissance d'un bel arbre, c'est la troublante mêlée parisienne où une fraiche sensibilité est happée par le courant dominant du jour : un maître à la renommée considérable, une école aux théories séduisantes, le succès, mais le plus souvent la grande «piperie » des idées générales, péril dont elle ne croit sauver son originalité qu'en se jetant éperdument dans les plus factices excentricités.

Notre personnalité véritable, nous l'avons apportée de « chez nous », comme on dit volontiers en province. Ce que nous demandons au contact des maîtres, ce que nous pouvons gagner aux disputes des écoles, ce ne peut être que la méthode destinée à dégager cette personnalité et à la mettre en valeur. Avant tout, donc, connaissons ce « chez nous ».

L'*Union Tourangelle*, par son intelligente initiative, en fournit aujourd'hui à nos artistes une occasion excellente en groupant à Paris les principaux peintres et sculpteurs originaires de notre région.

Je souhaite que ce caractère de fidélité et de probité qui caractérise les héritiers de François Clouet et de Jehan Foucquet contribue à mettre en évidence les beautés spéciales et diverses de la Touraine. On a sur notre province une opinion toute faite et un peu simpliste. Un joli nom l'a emporté dans les esprits sur la difficulté qu'il y a à démêler la vérité toujours un peu complexe. « Le Jardin de la France », c'est bientôt dit! Ceci, joint au fameux *molles Turones*, à la Loire languide, et nous voilà jugés de doux paresseux errant voluptueusement dans les allées d'un parc enchanté! Ne nions pas le charme de nos belles vallées, encore qu'il soit d'une telle délicatesse, d'une discrétion si rare qu'il échappe, je le crois bien, à la plupart des touristes pressés; mais nos plateaux balayés par les vents, nos petits pays vallonnés, aux côtes rudes, aux cultures variées, où j'ai vu, pour ma part, tant d'âpreté au travail et au gain, n'ont rien d'un décor d'opéra ou d'un sujet de « chromo ». Nos vignes réclament des soins patients et parfois des résignations et une sobriété héroïques; nos fleuves, si tendres, deviennent soudain dévastateurs. Notre esprit a volontiers l'indulgent sourire, mais il a la malice prompte, et il trouve, comme sans y prendre garde, le mot qui claque comme la mèche du fouet, et qui cingle. Si l'ironie disparaissait jamais du reste du monde, c'est sur quelque coteau de Touraine qu'on en retrouverait le dernier fruit amer et savoureux.

Telle qu'elle m'apparaît, en son ensemble, la Touraine, sans être aucunement un pays de torpeur ni de grâces convenues, est peut-être la province où les vertus sociables de la France, avec ce qu'elles comportent d'urbanité et de mordant, de parure décente et de courage secret devraient fleurir naturellement. La plus fine race de nos rois l'avait compris; nous ne devons pas l'oublier. C'est par destination la terre de l'humanisme, le pays de l'intelligence limpide, de la raison imperturbable et de l'art civil, équilibré et pur. Quand nous voyons le chef-d'œuvre d'Azay se mirer dans les eaux, nous devons croire que notre âme tourangelle a pris forme : la robustesse alliée à la grâce, l'ornement à l'économie, une certaine puissance à une certaine gentillesse, autant de force que d'élégance, tout le souci de la sagesse avisée marié avec le goût désinvolte et jeune des agréments de la vie. Ni la figure benoîte des grands utopistes ne nous convient, ni le masque renfrogné de l'ascète, ni la naïve attitude du poète ingénu : c'est chez nous, entre le pays de Ronsard et celui de Du Bellay qu'est née la poésie de la Renaissance, divine, certes, mais surtout par la science des lettres et de la langue; c'est chez nous qu'est née la prose française, dans le livre réaliste et savant de Rabelais; c'est chez nous qu'est né le père de l'esprit critique moderne, Descartes; c'est chez nous que se sont élevés, avant l'influence italienne, quelques-uns des chefs-d'œuvre de l'architecture purement française, simple, logique et svelte comme une pensée cristalline. Il ne serait conforme à notre génie ni de faire les romantiques échevelés, ni les inspirés grandiloquents, ni les niais sublimes. Il semble que nous ayons reçu des Fées à notre baptême, le don de la mise au point. Nous avons reçu de notre ciel et de nos maîtres la lumière, la lumière qui clarifie toutes choses et qui détruit impitoyablement tous les germes morbides de l'esprit. Si, rejoignant notre admirable passé, nous pouvions faire renaître dans cette région tempérée et d'extrême civilisation, et chez notre peuple éloigné des frontières et peu mélangé, un art tout de probité, de vérité et de raison, un art étranger à tous les esbrouffes que l'apport tumultueux de toutes les contrées du monde a malheureusement introduites dans notre pays, quel bel îlôt français nous pourrions demeurer, comme au temps de Charles VII et de Jeanne d'Arc, au milieu de l'invasion!

René Boylesve.

CATALOGUE

ALAPHILIPPE (CAMILLE), *statuaire*, né à Tours.

1. — Bacchante (*bronze*).
2. — La femme au singe (*grès et bronze*).
3. — Premier miroir (*plâtre*).

ARRAULT, *peintre*.

BAYON-GRANDIN (JEAN-BAPTISTE), *peintre*, né à Tours.

11. — Roses.
12. — Roses et Dahlias.

BIGOT (LÉON), *sculpteur*, né à Bourgueil.

13. — Un satyre (*plâtre*).

BRUNET-SOTTER (Mlle MARIE-THÉRÈSE), *peintre*, née à Tours.

14. — La mer à Raguenès (*aquarelle*).
15. — Les bords de la Loire (*aquarelle*).
16. — Roses jaunes et rouges (*aquarelle*).
17. — Dalhias rouges (*aquarelle*).
18. — Reines-Marguerittes (*aquarelle*).
19. — Vallée de la Choisille (*aquarelle*).
20. — Roses Dorothy-Perkins (*aquarelle*).
21. — Pivoines (*aquarelle*).

CAIGNART DE MAILLY (HECTOR-EUGÈNE), *architecte*, né à Chaumussay.

31. — Vieilles maisons à Tours (*aquarelle*).
32. — Le Luxembourg à Midi (*aquarelle*).
33. — Plage d'Ostende (temps gris) (*aquarelle*).
34. — Le beffroi de Bruges (*aquarelle*).
35. — Le Luxembourg (soir) (*aquarelle*).

CHAUSSEMICHE (BENJAMIN), *architecte*, né à Tours.

36. — Etablissement thermal de Châtel-Guyon (*dessins*).
37. — Etablissement thermal de Châtel-Guyon (*vue photographique*).
38. — Etablissement thermal de Châtel-Guyon (*vue photographique*).
39. — Pistoya, maison commune (*aquarelle*).

CHIQUET (EUGÈNE), *graveur*, né à Limeray.

40. — Dame et homme (en pied) sur fond paysage, épreuve parchemin (*eau-forte et burin*).
41. — « La Rixe », épreuve (Etat) Japon (*eau-forte*).
42. — Le « Liseur blanc », épreuve sur parchemin (*eau-forte*).
43. — « Le papillon », éprouve sur chine (*burin*).

CHOLLET (PAUL-LOUIS), *sculpteur*, né à Crissay.

44. — Lampes.
45. — Tapis.
46. — Bijoux.

DELPERIER (GEORGES), *statuaire*, né à Paris.

61. — La rose (*buste marbre*).
62. — Laitière tourangelle (*statuette bronze*).
63. — Feuille de balisier (*vide-poche bronze*).
64. — Surprise (*encrier bronze*).
65. — La Perle (*vide-poche bronze*).

DENNIEL (Mlle SABINE), *peintre*, née à Vouvray.

66. — Le Vert-Galant.
67. — Le Pont des Arts.
68. — Œillets.
69. — Figues.
70. — Coin d'atelier.

DORRON (PIERRE) (SIL-HOËT), *caricaturiste*, né à Vendôme.

71. — Essais de caricatures : R.c.o. V[rs]..es M.r..l. P..v..t R.o.l. Pg.o. G.o..e:

72. — Essais de caricatures : S.m. M.c.l. P.l.. i.r.H.l.u L.s.s. D.n.i. C.r.u.hé

DUTERTRE (VICTOR), graveur, né à Thilouze.

73. — Portrait d'un rabbin d'après Rembrandt (Buckingham Palace, Londres), (*gravure sur bois*).

73. — Un rabbin d'après Rembrandt (National Gallery, Londres), (*gravure sur bois*).

75. — Portrait de Rembrandt dans un âge avancé, d'après son tableau (musée d'Aix-en-Provence), (*gravure sur bois*).

76. — Ténor italien d'après Domingo (*gravure sur bois*).

77. — Gravure originale, un coin d'étang (*gravure sur bois*).

78. — Gravure originale, le vieux chemin (*gravure sur bois*).

FACHET (PAUL), *peintre*, né à Tours.

81. — Rochecorbon.
82. — Les Ronces.
83. — La Loire à Blois.
84. — Champtoceaux.
85. — Printemps.
86. — Impressions d'hiver.
87. — La Loire à Vallières.
88. — Le Côteau.
89. — Les Chaumes.
90. — L'Etang de Meslay.

Pour la vente s'adresser au bureau dans la salle

91. — L'Ile Simon à Tours.
92. — Bords de la Loire à Saint-Côme.

FRANÇOIS (GEORGES), *peintre*, né à Saint-Gourgon (Loir-et-Cher).

93. — Amsterdam (le port).
94. — Nature morte.
95. — Nature morte.
96. — Voiliers hollandais (*gouache*).
97. — Le quai vert (Bruges), (*gouache*).
98. — Midelburg « Le Marché » (*gouache*).
99. — L'Eglise de Viere (*gouache*).
100. — Canal à Amsterdam (*gouache*).
101. — Moulin hollandais (*gouache*).
102. — La porte du Presbytère (*eau-forte* en couleur : éd. Georges Petit).
103. — Bateaux sardiniers (Bretagne) (*gouache*).
104. — Intérieur hollandais.
105. — L'Hiver.
106. — Canal à Amsterdam (*eau-forte* en couleur : éd. Devambez).
107. — Marché breton (*gouache*).

GAUMONT (MARCEL), *sculpteur*, né à Tours.

108. — Faune, esquisse (*bronze*).
109. — Statuette, portrait (*plâtre*).
110. — Groupe d'enfants jouant près de l'eau (*plâtre*).
111. — Groupe de joueuses de boules (*plâtre*).

GOULINAT (JEAN-GABRIEL), *peintre*, né à Tours.

112. — Portrait de Mme G...
113. — Baigneuse.
114. — Un chantre, rue de Sèvres.
115. — Peupliers aux bords de la Cère (Tarn-et-Garonne).

Pour la vente s'adresser au bureau dans la salle

116. — Sur les bords de la Loire à Tours.
117. — A San Miniato (Florence), appartient à M. Ed. Delpech.
118. — Le grand Canal à Venise.
119. — Peupliers.
120. — Portrait de ma fille.
121. — Sur les bords de la Loire près Tours.
122. — Soleil couchant à San-Miniato (Florence).

GUERIN DE BELLEIT (Mlle), *peintre*, née à Sainte-Maure.

Quatre études en Touraine :

123. — Le printemps dans la forêt.
124. — Saule.
125. — Lande fleurie.
126. — Verger fleuri.

Deux études d'automne en montagne :

127. — Dernières feuilles.
128. — Premières fleurs.

GUERITTE (ARMAND), *architecte*, né à Mosnes.

129. — Relevé du Pavillon de Julienne à Paris (*dessins*).
130. — Pavillon de Julienne (*aquarelle*).
131. — Amboise (Le beffroi), (*aquarelle*).
132. — Cadre contenant 3 aquarelles : Paris, Tours, Mosnes (*aquarelles*).
133. — Londres, le Parlement et Westminster (*aquarelle*).
134. — Hampton-Court (Angleterre), (*aquarelle*).
135. — Vieilles maisons à Mosnes (I.-et-L.), (*aquarelle*).
136. — Oxshott (Angleterre), (*aquarelle*).
137. — Versailles (*aquarelle*).
138. — Versailles (*aquarelle*).

Buyers please upply to office in Exhibition Room

139. — Amboise, Porte de la tour Heurtault (*aquarelle*).
140. — Juvisy. Les Belles Fontaines (*aquarelle*).
141. — Cadre contenant 11 eaux-fortes (*gravures*).
142. — Loches : L'Hôtel de Ville (*gravure*).
143. — Loches : La Porte des Cordeliers (*gravure*).
144. — Saint-Médard (Paris), (*gravure*).
145. — Mosnes (I.-et-L.), la Loire (*peinture*).
146. — La Poterie (Mosnes) (I.-et-L.), (*peinture*).
147. — La Loire (étude), (*peinture*).
148. — La Ruelle (étude), (*peinture*).
149. — Mosnes (I.-et-L.), (*peinture*).

GUILLAUME (R.-M.), *peintre*, née à Tours.
150. — Chez elle.
151. — Convoitise.

HORTEUILLE (PAUL D'), *peintre*, né à Saint-Georges-sur-Loire).
160. — Etude.

JACQUEMOT (CHARLES), *peintre*, né à Tours.
165. — Méditerranée (*composition décorative*).
166. — Matinée d'automne.
167. — L'heure du Titien.
168. — Après l'orage.
169. — Les bords du Lutin.

JUETTE (MARCEL), *architecte*, né à Chinon.
170. — Saint-Etienne (Chinon), (*aquarelle*).
171. — Grand-Carroi (Chinon), (*aquarelle*).
172. — Château (Chinon), (*aquarelle*).
173. — Arromanches (*aquarelle*).

LALOUX (VICTOR), membre de l'Institut.
174. — Aquarelle.

Pour la vente s'adresser au bureau dans la salle

LE MAINS (GASTON), *peintre*, né à Tours.

181. — Demeure tranquille.
182. — Coin de parc.
183. — Le jardin au bord du lac.
184. — La ruelle de l'église (*aquarelle*).
185. — L'heure du salut.

LEFEVRE (CAMILLE-EMILE), *architecte*, né à Tours.

186. — Souvenirs et études de voyages : Grèce, Italie (*aquarelles*).

LIERON (CHARLES), *peintre*, né à Tours.

187. — Le Miroir des Nymphes.
188. — Iris.
189. — Cerisiers fleuris.
190. — Escalier du château de Luynes.
191. — Marines (*pochades*).
192. — Oliviers au Cannet. Prairies de Vallières.
193. — Etudes de ciels au couchant.
194. — Château de Luynes.
195. — Château de Luynes le soir, appartient à M. le Dr R.

LOYSEL (JACQUES), *statuaire*, né à Courcelles

196. — Le Bain (*statue marbre 1/2 grandeur*).
197. — L'Ironie (*buste pierre*).
198. — Statuettes de danseuses (*bronze*).

LOYSEL (RENÉ), *architecte*, né à Courcelles.

199. — Piscine et salles de sport de l'Automobile-Club de France à Paris (*dessin d'architecture*).

PAUL-MANCEAU (GEORGES), *peintre*, né à Loches.

201. — La blondeur d'un soir d'été sur la Dordogne.
202. — La Seine au Pont-Royal.
203. — Marché aux fleurs à Nice.

204. — Automne à Loches (clochers).
205. — Arbres au Pouldu.
206. — Prairie de Loches (Meule).
211. — Le père Emile (*statuette bronze*, ciselée et patinée par l'auteur ; reproduction limitée à 5 exemplaires).

MARSAULT (CHARLES), *peintre*, né à Richelieu.

212. — Angles-sur-l'Anglin.
213. — Beaumont.
214. — Angles sur l'Anglin.
215. — Châtellerault.
216. — Cour de ferme.
217. — Antran.
218. — La Foucaudière.
219. — Angles-sur-l'Anglin.
220. — Angles-sur-l'Anglin.
221. — Néris-les-Bains.

MATHURIN (MAURICE), *peintre*, né à Tours.

222. — L'Indre à Monts.
223. — Prairie à Pontcher.
224. — Château de Luynes.
225. — Château de Moncontour (*aquarelle*).
226. — Le Cher à Saint-Sauveur (temps gris).
227. — Le Cher à Saint-Sauveur (automne).
228. — Ile sur la Loire à Tours.
229. — Matin dans l'Ile, à Tours (*aquarelle*), appartient à Mme L. C.-S.
230. — La Loire à Tours (temps gris), (*aquarelle*), appartient à M. A. S.

MOREAU (THÉOPHANE), *sculpteur*, né à Chedigny.

231. — Meubles anciens.
232. — Bahut gothique.
233. — Console trumeau régence.

Pour la vente s'adresser au bureau dans la salle

234. — Meuble Louis XVI.
235. — Table et fauteuil Louis XV.

PEPIN (GUSTAVE), *architecte*, né à Tours.

241. — Le nouvel Hôtel de Poste de Loches (*architecture*).
242. — Heidelberg (*aquarelle*).
243. — Tourbillon en Trescalan (*aquarelle*).
244. — La chapelle de Pors Even (*aquarelle*).

SEGUIN-BERTAULT (PAUL), *peintre*, né à Châteaurenault.

261. — Nature morte.
262. — Les bateaux (bassin du Luxembourg).
263. — Danseuses sur le plateau (Opéra).
264. — Paysage (Verrières-le-Buisson).
265. — Vue du Jardin du Luxembourg.
266. — Danseuse.
267. — Danseuses (coulisses de l'Opéra).
268. — Saint-Patrice (Indre-et-Loire), vue de la levée.
269. — L'Etoile (Opéra).
270. — Le Printemps (Jardin du Luxembourg).
271. — Les trois arbres (Jardin du Luxembourg), (*pastel*).
272. — Le Pont-Neuf (*pastel*).
273. — La Place Verte (Montmorency), (*pastel*).
274. — L'Etoile (Opéra), (*aquarelle*).
275. — Ancien abbaye de Saint-Germain-des-Prés (Verrières), (*pointe sèche*).

SICARD (François), *statuaire*, né à Tours.

276. — Statues.

SONREL (Mlle ELISABETH), *peintre*, née à Tours.

277. — Bretonnes à l'Eglise (*aquarelle*).

278. — Vieille fileuse de Comfort (Finistère) (*aquarelle*).
279. — Femme et enfant de Plougastel (*aquarelle*).
280. — La sortie des barques (Concarneau), (*aquarelle*).
281. — Jeunes filles de Pont-Labbé (*aquarelle*).
282. — Jeune Bigondène à l'église (Loctridy), (*aquarelle*).
283. — Portrait de Mme S... (*aquarelle*).
284. — Portrait (*aquarelle*).

SOUILLET (GEORGES-FRANÇOIS), *peintre*, né à Tours.

285. — La Crique.
286. — Mer calme.
287. — Mer montante.
288. — Canal Saint-Martin.
289. — L'Estacade.
290. — Rue Saint-Jacques (*pastel*).
291. — Le Bal du 14 juillet, rue Saint-Martin (*pastel*).

SOULARY (GABRIEL), *architecte*, né à Lyon.

292. — Hiver, Bords du Cher.
293. — Soleil derrière les nuages.
294. — Peupliers en Savoie.
295. — Paysage de Bretagne (Perros-Guirec).
296. — Lac d'Annecy.
297. — Matinée en Savoie.
298. — Bords de la Loire.
299. — Coucher de soleil.

VARENNE (HENRI), *sculpteur*,

Imprimerie Davy, 52, rue Madame. — Paris

LA CHINE EN GUERRE

EXPOSITION

(PEINTURES, GRAVURES, DESSINS, AFFICHES, etc.)

VERNISSAGE
Le Vendredi 20 Janvier 1939
de 16 à 19 heures

Galerie de la Boëtie
83, Rue de la Boëtie, 83
(St-Philippe-du-Roule)

Sous le Patronage de :

MM. LI YU YING, Président de l'Académie de Pékin ;
Emile OTHON-FRIESZ
GROMAIRE
J. LURCAT
MARQUET
MASEREEL

Peintres

ARAGON
J.-R. BLOCH
Luc DURTAIN
Francis JOURDAIN
Louis LALOY
André MALRAUX
Charles VILDRAC

Ecrivains

G. BESSON, Critique d'Art.

L'ASSOCIATION FRANÇAISE

« LES AMIS DU PEUPLE CHINOIS »

a le plaisir de vous inviter au Vernissage de l'Exposition :

LA CHINE EN GUERRE

Œuvres des peintres de la Jeune Ecole Chinoise

Allocution du **Professeur LI YU YING**

M. Jean LURCAT présentera l'Exposition

INVITATION POUR 2 PERSONNES

I. C. C., Paris-9e.

1903 SOCIÉTÉ DES PEINTRES **1920**

DU « PARIS MODERNE »

Président : J.-H. ROSNY, Aîné, de l'Académie des Goncourt

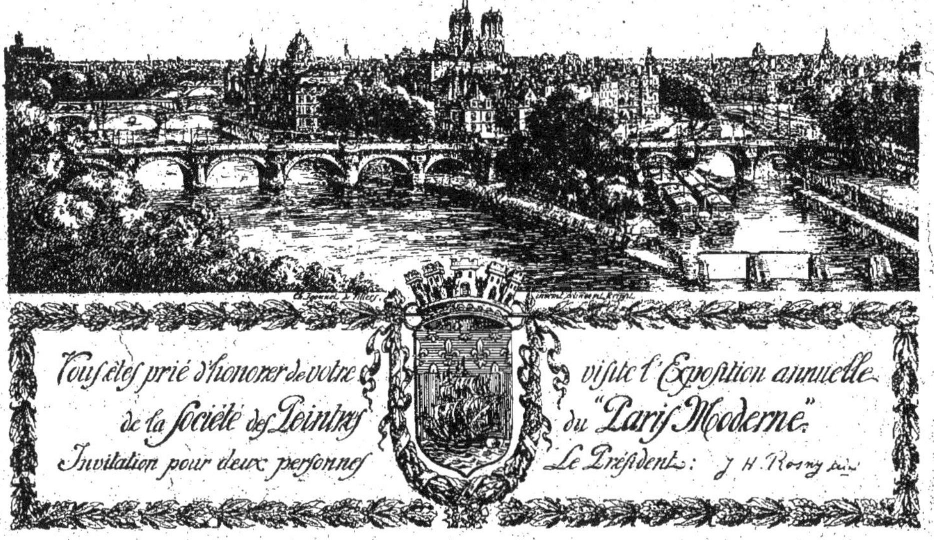

GALERIE LA BOËTIE

64 bis, rue de la Boëtie

XIVme Exposition Annuelle

ouverte tous les jours de 10 heures à 18 heures

du 3 au 29 Février 1920

(Vernissage le 3 FÉVRIER, à 15 heures)

CONFÉRENCES SUR PARIS

Le Mardi 10 Février : MM. Jean ROBIQUET

Le Mardi 17 Février : Jean BON

Le Mardi 24 Février : Gustave KAHN

CARTE D'ENTRÉE GRATUITE

pour deux personnes

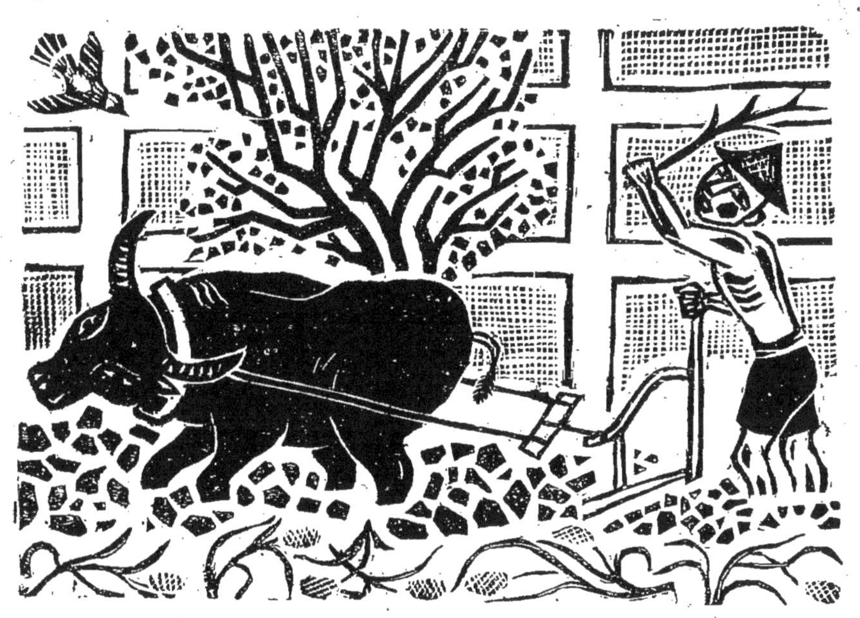

CHINE

1939

Exposition des peintres de la Jeune Ecole Chinoise

ŒUVRES DE GUERRE.

du 20 Janvier au 1er Mars 1939

A la Galerie d'Art de la Boétie

83, Rue La Boétie — Paris (8e)

Métro : St Philippe-du-Roule et Marbeuf

Œuvres de :

PAO SU-YAO

CHIU SHIU-HONG

HONG CHEN

HSIN PO

LU CHIN

DA VEH

JACK CHEN

YEH CHEN-YU

WU KO

CHANG TING

Etc..., Etc...

Gravures - Dessins - Aquarelles - Affiches, etc...

Le **Vendredi 20 Janvier 1939,** à 21 heures,

ouverture du cycle de Conférences sur

« La Chine, Maîtresse de son Destin ».

(Programme à l'intérieur)

Programme du cycle de Conférence sur : ***" La Chine Maîtresse de son Destin "***

Organisé par l'Association Française "Les Amis du Peuple Chinois"

Ces Conférences auront lieu aux dates ci-dessous, à 20 h. 30, à la Galerie de La Boétie, 83, rue La Boétie

Vendredi 20 Janvier, à 20 h. 30 :

Mme Charlotte HALDANE,
Correspondante du Grand Journal Anglais « Daily Hérald », en Chine.

« CHOSES VUES ET VECUES EN CHINE »

●

Vendredi 20 Janvier, à 20 h. 30 :

Jack CHEN,
Peintre Chinois.

« SUR LA LITTERATURE ET LA PEINTURE CHINOISE, EXPRESSION DE LA LUTTE POUR LA DEFENSE NATIONALE ».

●

Vendredi 27 ~~Février~~ janvier, à 20 h. 30 :

Luc DURTAIN
Ecrivain.

« LA VIE ET LA CHINE »

●

Vendredi 3 Février, à 20 h. 30 :

Gabriel PERI,
Vice-Président des Affaires Etrangères.

« LA CHINE ET LA DEFENSE DE LA PAIX »

●

Vendredi 17 Février, à 20 h. 30 :

Louis LALOY,
Membre du Comité Exécutif du Tonkin.

« LE THEATRE CONTEMPORAIN CHINOIS »

Vendredi 24 Février, à 20 h. 30 :

Alexandre VARENNE,
Ancien Gouverneur Général de l'Indo-Chine.

« L'AMITIE CHINOISE NECESSAIRE A LA SECURITE FRANÇAISE ».

●

Vendredi 3 Mars, à 20 h. 30 :

Paul LANGEVIN,
Professeur au Collège de France.

« L'ENSEIGNEMENT EN CHINE, SON ROLE DANS LA DEFENSE DE LA CULTURE ET DE LA DEMOCRATIE ».

●

Vendredi 10 Mars, à 20 h. 30 :

Geneviève TABOUIS,
Publiciste.

« LA CHINE ET NOUS »

●

Vendredi 17 Mars, à 20 h. 30 :

P.-L. DARNAR,
Publiciste.

« LA CHINE D'AUJOURD'HUI »

●

Nous annoncerons, en temps utile, les noms des conférenciers sur les sujets suivants :

LA LITTERATURE CONTEMPORAINE CHINOISE.
LA PEINTURE CHINOISE.
LA PHILOSOPHIE CHINOISE.

Sous les auspices de l'Association française :

« LES AMIS DU PEUPLE CHINOIS »

Présidents : MM. Edouard HERRIOT, Léon JOUHAUX,
Marius MOUTET, Paul BONCOUR,
Maurice VIOLLETTE.

Sous le Patronage de :

MM.. LI YU YING, Président de l'Académie de Pékin;
Emile OTHON-FRIESZ
GROMAIRE
J. LURÇAT
MARQUET
MASEREEL

Peintres

ARAGON
J.-R. BLOCH
Luc DURTAIN
Francis JOURDAIN
Louis LALOY
André MALRAUX
Charles VILDRAC

Ecrivains

G. BESSON, Critique d'Art.

Vernissage :

Le 20 Janvier 1939, de 16 heures à 19 heures.

Le Peintre Jean LURÇAT présentera l'Exposition.

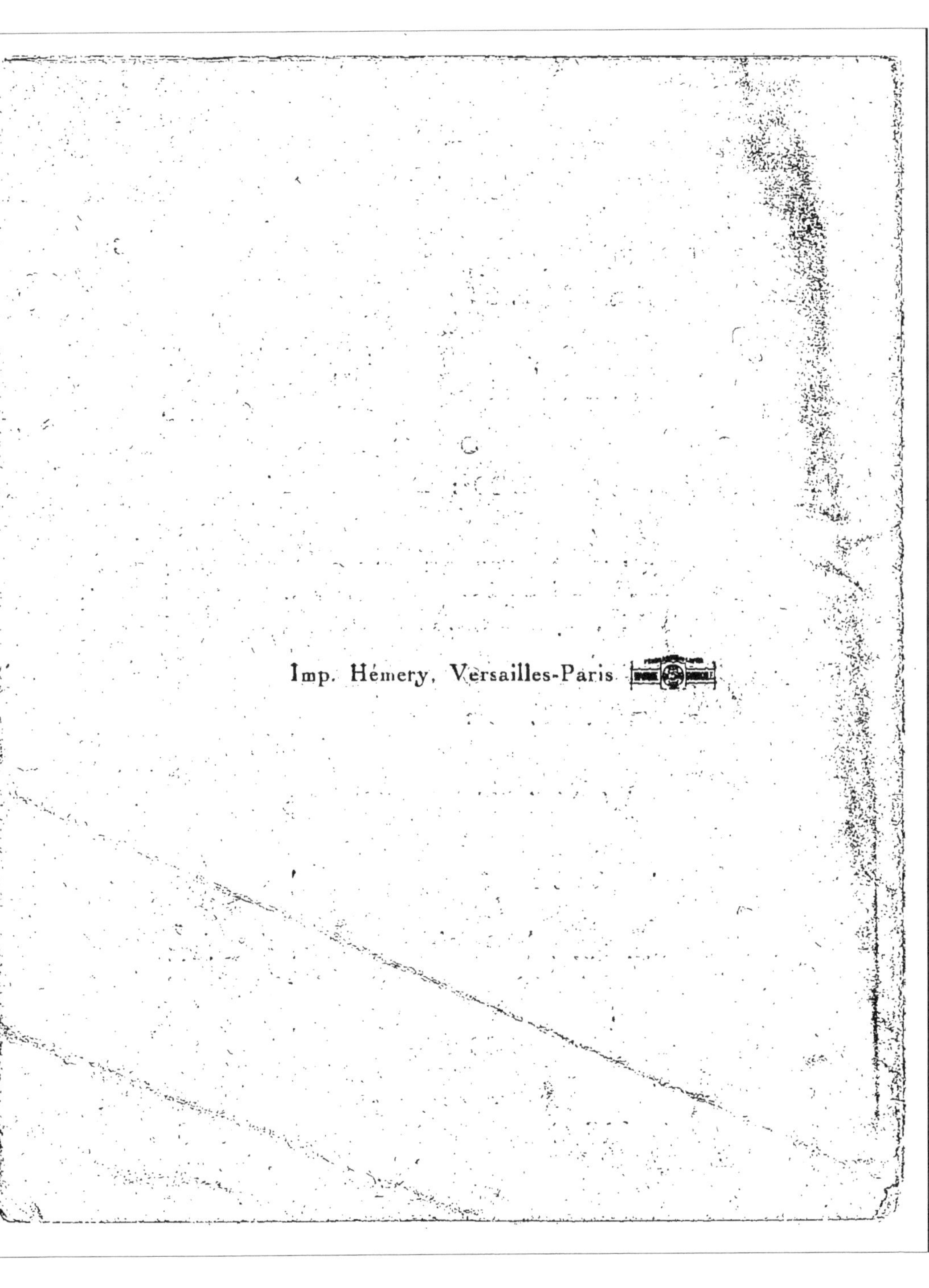

Imp. Hémery, Versailles-Paris

www.ingramcontent.com/pod-product-compliance
Ingram Content Group UK Ltd.
Pitfield, Milton Keynes, MK11 3LW, UK
UKHW022146260726
13993UKWH00005B/2197

9 782019 986285